# DAS GRUMMELEINHORN

MIESE LAUNE?

NEE DANKE.
HAB NOCH.

riva

# ~~GUTEN~~ TAG,

DU BIST MIES DRAUF? WILLKOMMEN IM KLUB.
WENN DU ERWARTEST, DASS ICH DIR JETZT SAGE,
ALLES WÜRDE WIEDER GUT WERDEN, BIST DU HIER FALSCH.
VIELLEICHT WIRD ES DAS IRGENDWANN, ABER ERST MAL
MÜSSEN WIR UNS SO RICHTIG AUFREGEN.

MIT DIESEM GANZEN HEILE-WELT-BLABLA IST SCHLIEßLICH
AUCH NIEMANDEM GEHOLFEN. ALSO KEINE SORGE, ICH WILL DICH
NICHT KÜNSTLICH AUFMUNTERN – ABER GLAUB MIR:
ICH BIN SO MÜRRISCH, ICH KANN DIR SOGAR
DEINE SCHLECHTE LAUNE VERDERBEN!

~~DEIN~~ GRUMMELEINHORN

HEUTE MÖCHTE ICH WAS
MIT ANDEREN MACHEN.

# BEIN STELLEN
WÄRE TOLL!

# IM NÄCHSTEN LEBEN MACHE ICH WAS OHNE DEPPEN!

# ICH FALL NICHT IN LOVE.

# ICH FALL NUR HIN.

# ICH FINDE ZU JEDER LÖSUNG EIN PROBLEM!

# ALLEIN

## BIN ICH IN

## BESTER GESELLSCHAFT.

>> BRING GUTE LAUNE MIT! <<

HAB ABGESAGT.

# SOBALD DU DIE ANTWORT HAST, ÄNDERT DAS LEBEN DIE FRAGE.

# LASS MICH!

# ICH WILL MICH DA JETZT REINSTEIGERN!

KEKSE **ESSEN** STATT **AUFREGEN?**

ICH KANN BEIDES **GLEICHZEITIG.**

# HAUPTSACHE, DER FRÜHE **VOGEL** TRINKT MIR NICHT DEN **KAFFEE** WEG.

MANCHMAL **VERLIERT** MAN.

MANCHMAL GEWINNEN DIE ANDEREN.

EINEN GROßTEIL MEINER **NERVEN** HABE ICH SCHON VOR DEM **FRÜHSTÜCK** VERLOREN.

# STATT **KONFETTI** EINFACH DIREKT DEN **LOCHER** WERFEN!

NA, **GLÜCKLICH?**
GEHT AUCH
**VORBEI** ...

**PAARE** ERTRAGE
iCH NUR ALS
SCHUHE!

HAB MIR SCHON MAL DIE **SCHLECHTE LAUNE** FÜR MORGEN RAUSGELEGT...

# DENKEN IST WOHL NICHT SO DEINS.

NATÜRLICH WIRD MIR AUCH
MAL WARM UMS **HERZ** –

WENN ICH MICH AN
EINER **CHILI**
VERSCHLUCKE.

NEIN, DU BIST NICHT **DUMM.**

DU HAST NUR EIN BISSCHEN PECH BEIM **DENKEN.**

# BITTE NICHT

# DU

# SCHON WIEDER

# Neues Jahr, neues Pech.

GRMPFH.

# Jemand Redet Zu Viel?

# Einfach **SCHLAFTABLETTE** in den mund werfen!

# QUASSEL WEITER. ICH HÖRE EH **NICHT** ZU.

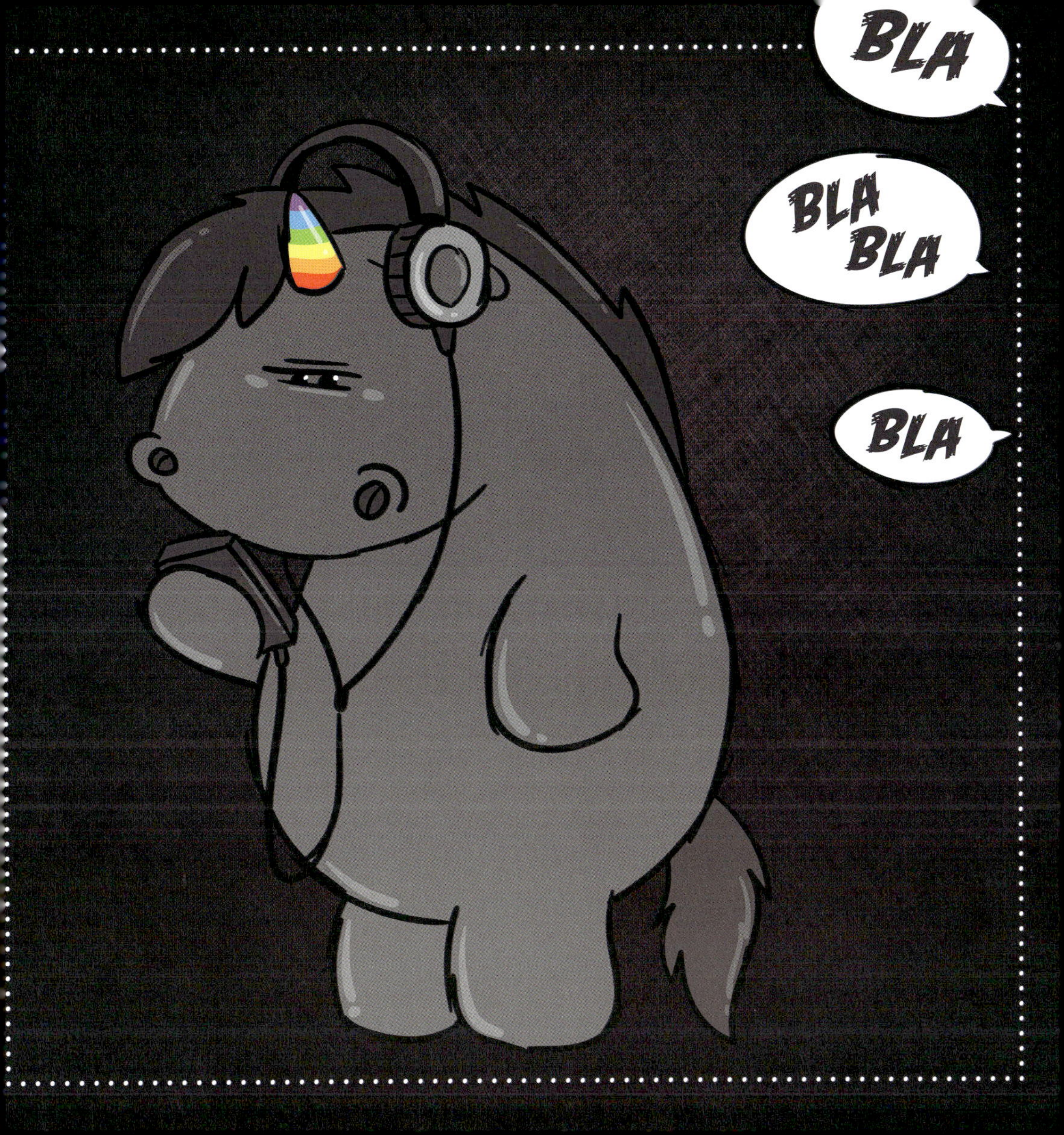
BLA
BLA BLA
BLA

# ICH KAM, SAH UND HATTE KEINEN **BOCK** MEHR

# KENNEN WIR UNS?

## ICH HOFFE

# NICHT.

# GUTEN MORGEN WÄRE HART ÜBERTRIEBEN.

# MEIN PERFEKTER TAG:
## BLEIB DRAUSSEN.

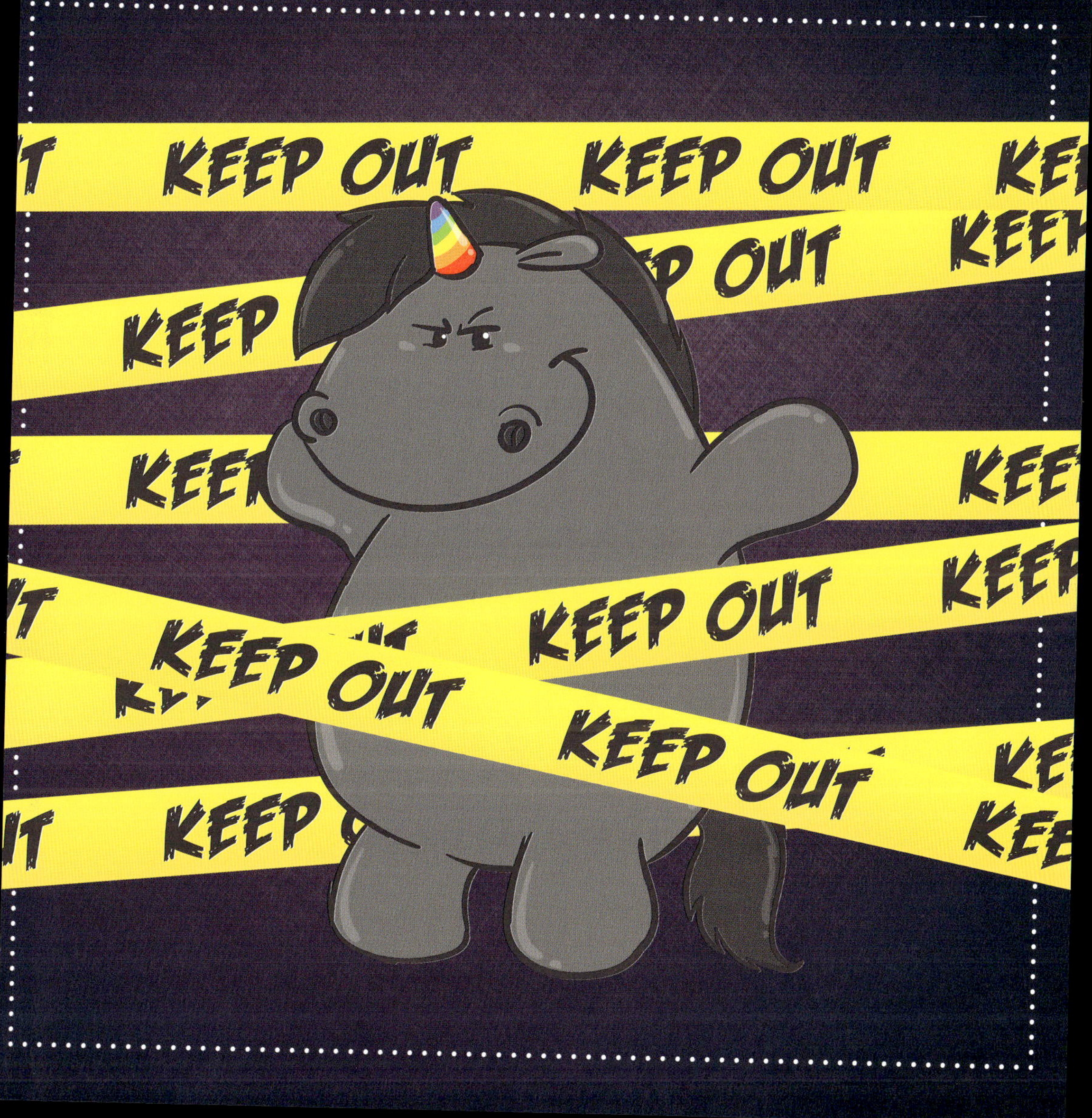
KEEP OUT
KEEP OUT
KEEP OUT
KEEP OUT
KEEP OUT

# ICH BIN KRANK.

# ICH HABE MONTAG.

So kann es
eigentlich nicht
weitergehen.

WIRD ES ABER

**Bibliografische Information der Deutschen Nationalbibliothek**

Die Deutsche Nationalbibliothek verzeichnet diese Publikation in der Deutschen Nationalbibliografie.
Detaillierte bibliografische Daten sind im Internet über http://d-nb.de abrufbar.

**Für Fragen und Anregungen**
info@rivaverlag.de

Originalausgabe
1. Auflage 2020
© 2020 by riva Verlag, ein Imprint der Münchner Verlagsgruppe GmbH
Nymphenburger Straße 86
D-80636 München
Tel.: 089 651285-0
Fax: 089 652096

Umschlaggestaltung: Pamela Machleidt
Umschlagabbildung und Abbildungen Innenteil: Pummeleinhorn GmbH – alle Rechte vorbehalten
Satz: Digital Design, Eka Rost
Druck: Livonia Print, Riga
Printed in Latvia

ISBN Print 978-3-7423-1352-2
ISBN E-Book (PDF) 978-3-7453-1045-0
ISBN E-Book (EPUB, Mobi) 978-3-7453-1046-7

*Weitere Informationen zum Thema finden Sie unter*

# www.rivaverlag.de

Beachten Sie auch unsere weiteren Verlage unter www.m-vg.de